mit dir,

Jeannette Frei

lieber Felice,

BUCHER

einen Tag
und eine
Nacht lang.

Die Stadt voller Nebel und durchzogen von den Sehnsüchten der Touristen, die da kommen und irgendwelchen vergangenen Leidenschaften nachtrauern;

sich einbilden, sie wiederzufinden
an bestimmten Plätzen, magischen Orten, ...

... dieser Platz ist der schönste Salon Europas,
wie Napoleon ihn nannte.
Hier war einst der Obstgarten der
Schwestern von San Zaccaria ...

Ist ihnen nicht wohl,
Signora?

Hör auf zu seufzen
und lächle mal,
wenigstens für's Foto.

Für den Eintrittspreis könnten sie das
auch mal ordentlich renovieren.

Hast du Beatrice auch eine Karte geschrieben?

Canaletto, Giorgione,
Tiepolo – saugut!

Was ist das für ein Schwein,
das hinter mir so rumrotzt?

... goldüberladenen Kirchen ...

... eigentlich kenn ich das alles schon
von Peter vor 6 Jahren ...

... ich weiss nicht, warum ich mich in all die
Kirchen schleppen lasse, ich will nix als ein Bier ...
... mmh, dieses Parfum kenn ich doch ...

... zum letzten Mal ...
Das hast du schon oft gesagt!

... schau, Gerda, die Himmelfahrt ist eine
grossartige Komposition. Sie wurde
jahrelang von bekannten Malern imitiert.
Natürlich erfolglos.

... seine Ohrenhaare sind grässlich.
Jetzt weiss ich, was ich ihm zum
Geburtstag schenke.

... oder in viel zu weichen Betten.

Aber sie kommen nie mehr zurück,
diese Gefühle, weil alles sich ändert
und nichts wiederholbar ist,
schon gar nicht mit einem anderen Schwein.

Wir aber haben keine alten Wünsche und brauchen
nichts zu erneuern.
Alles ist noch neu und das ist ein herrliches Gefühl.

Dein Bild in meinem Kopf und im Leib die Lieb.
Mit dir möchte ich mich durch die Kanäle, die Gassen,
vom Zufall und unseren Lüsten treiben lassen.

Komm her, mein Wilder,
sitz mit mir auf roten Plüsch.
Mach die Augen zu und halt mich fest.

Riechst du den Seetang im brackigen Wasser,
hörst du die Wellen von der Ferne das Meer?

Der Canale Grande macht endlich Urlaub und schaukelt ganz sachte in seiner verblassten Hängematte.
Karminrot leuchtet der Wein.
Wir prosten uns in den Wintermänteln zu.

An den Marktständen streiten Herbst- und Sommerfarben um die Wette.
Warme Räume und verführerische Düfte von Schokolade und frischem Hefegebäck locken uns zum Verweilen. Durch die halboffene Tür der Konditorei quillt ein venezianischer Frauenhintern.

Wir lassen es uns gut gehen.
Ich bin verschleckt und du bist es auch.
Vielleicht auch nicht, aber ich stelle es mir so vor.
Du hast einen Bauch und ich kenn dich nicht.

Beim süssen Klang einer Geige erzählst du mir aus
deiner Jugend.
Redest von Gelagen beim Gesang der Nachtigall und
beginnst zu schwelgen
in vergangenen Zeiten mit deinen Gefährten in den
weiten umbrischen Wäldern.

Mitternachts geh ich mit dir auf Raubzüge.
Die Gefahr schleicht immer mit.
Und dann – welche Lust! –
baden wir in einem dunkelgrünen Teiche.

Gross bist du, grandios.
Mein Zampano.
Aber das sage ich dir nicht.
Ich höre dir einfach zu.
Du streichelst meine Arme dabei
und deine Hände rutschen tiefer.

Mir ist schon ganz schön schwindlig
vom Wein und von dir,
ich könnte so bleiben,
verweilen in Augenblick, du bist so schön.

Bis zu der Stelle, an der du deinen Vater erwähnst.
Felice, sagte der, behauptest du, merk dir,
drei Dinge braucht ein Mann im Leben:
Ruhe, Feuchtigkeit und Nahrung.
Vor allem Nahrung, meinst du.
Und dass du Hunger hast, jetzt,
und sofort was Richtiges essen willst.

Hmm.
Und sonst? Hat Papà Alfonso sonst nichts gebraucht?
Ist der Mann durch ein gut verdautes Rübchen
entstanden oder was?
Ach du, meine Herbstmimose!
Du lachst ganz laut.
Die Geige erschrickt.
„Ich liebe dich" heisst, ich fresse dich.

Wir landen in einer Trattoria, tauchen ein in ihr sonniges Gelb und bestellen Spagetti al tartufo und con vongole.

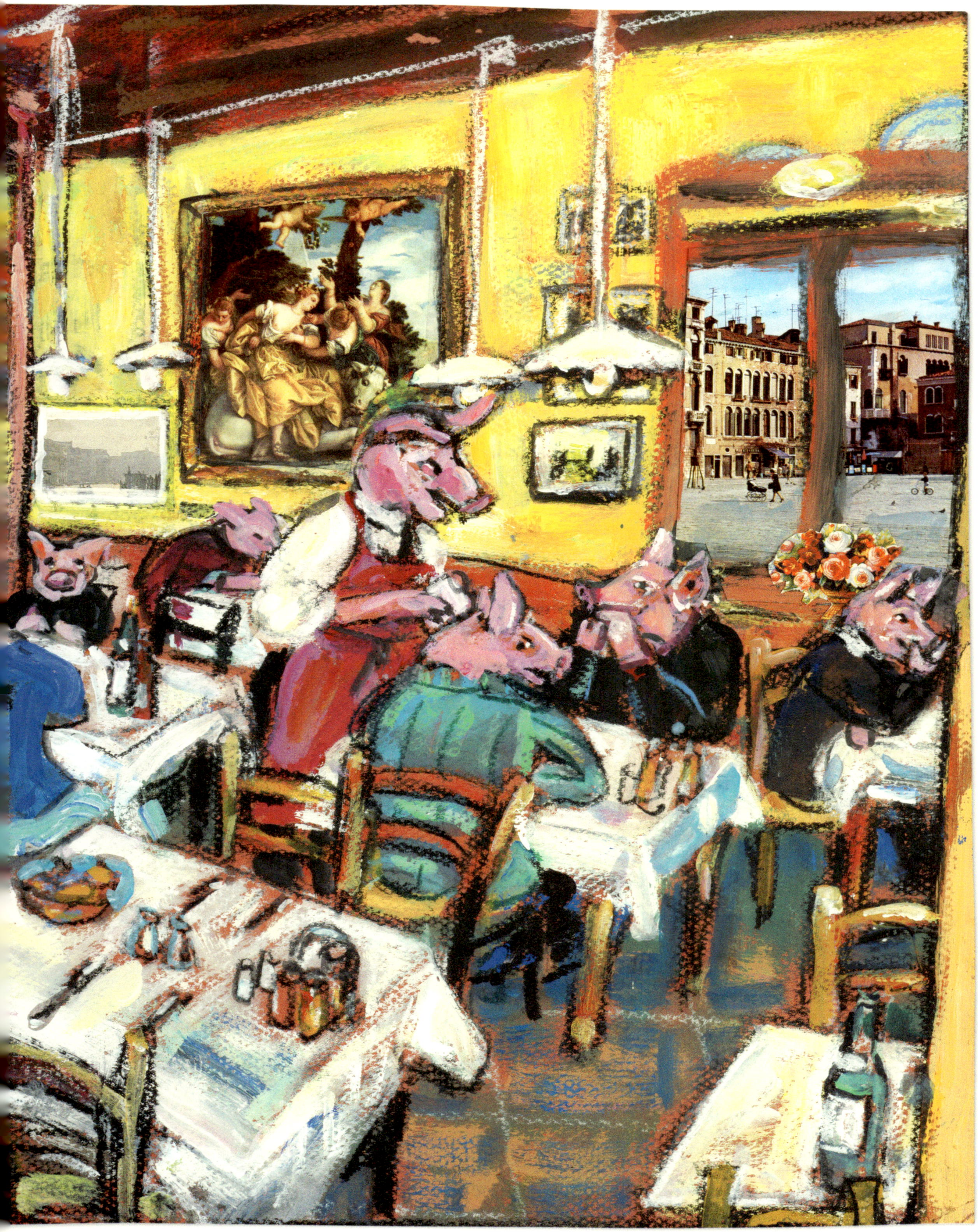

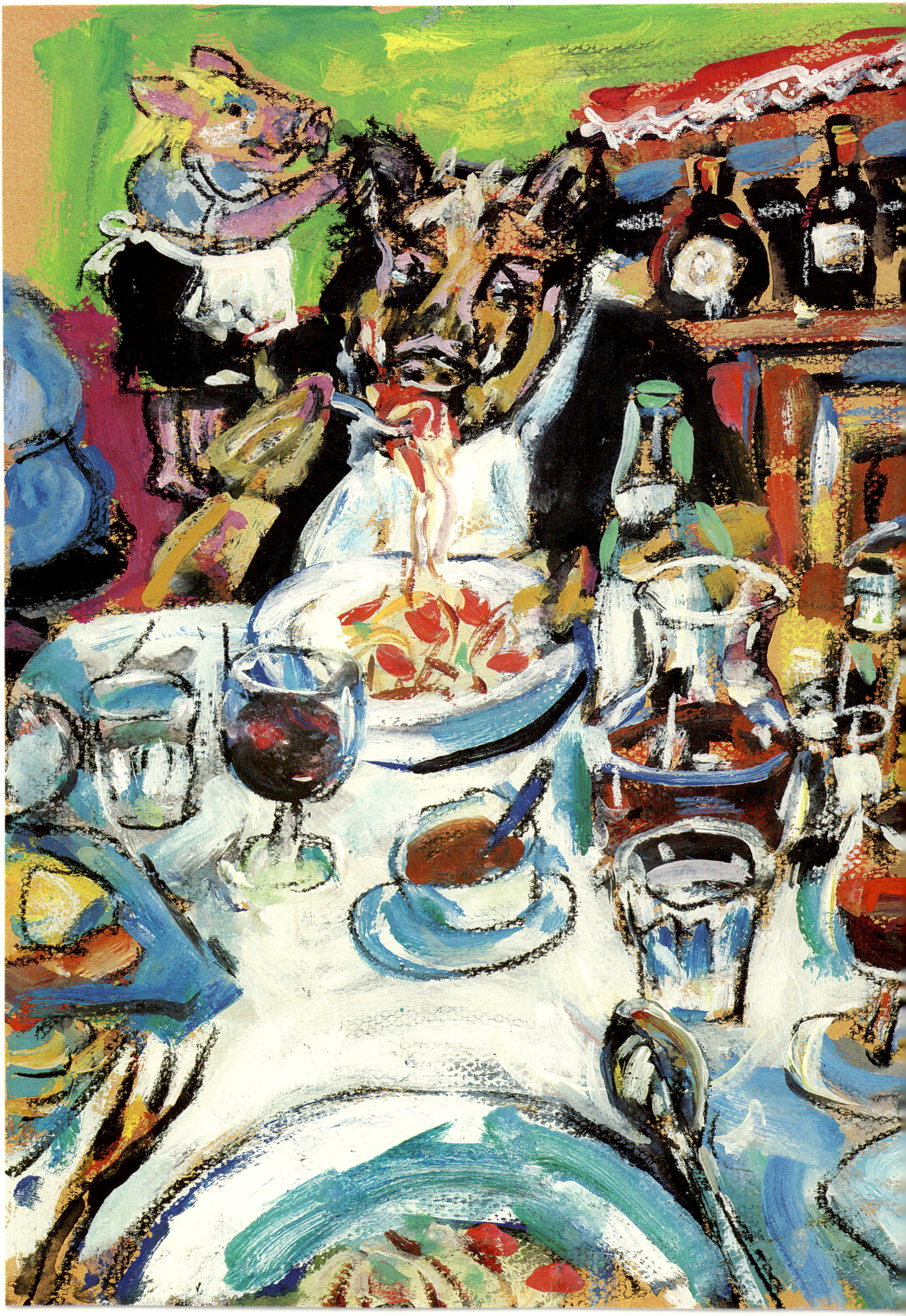

Da sitzen wir nun und wohlig kriecht die Wärme durch unsere Seelen und eine Schnecke durch deinen Salat.

Ich wundere mich, dass du so empfindlich bist.

Die Cameriera entfernt mit spitzen Fingern das Viech.
Tätschelt dir die Schulter.
Wie du sie anguckst, dieses Weib!
Später schenkt sie dir einen Grappa ein.
Ich schaue zwischen euch durch
auf ein Bild mit schimmerndem Wasser und grossem Himmel.

Gib mir deine Hand. Gehen wir.

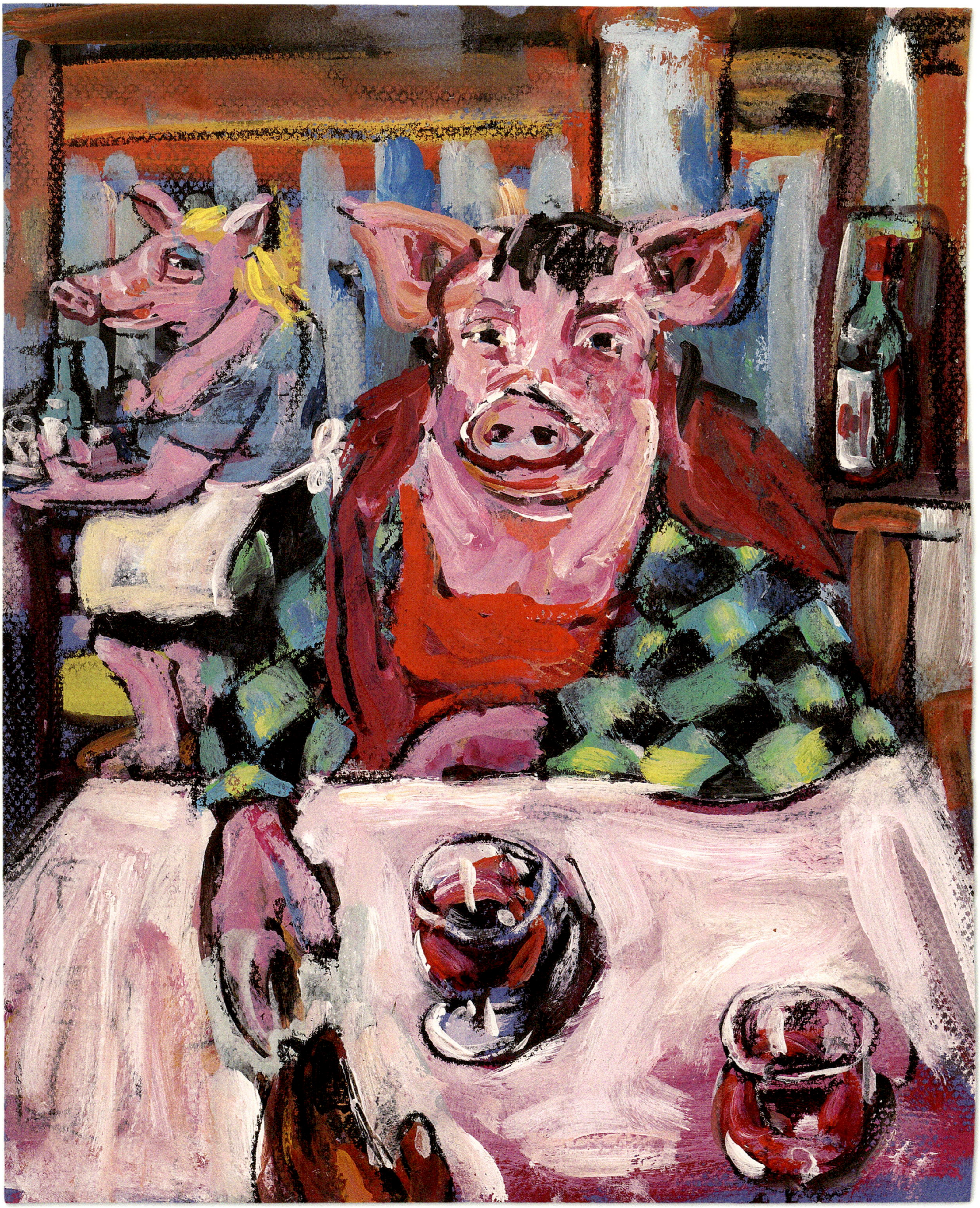

Draussen, in der kühlen Novembernacht,
beginnt die Welt zu schwanken.
Du ziehst mich mit und in Schlaufen laufen wir
entlang von Kanälen über Brücken im Kreis.
Bis ich dich wieder finde.

Ich häng an dir. Aber wie …
Wie verrückt. Und du an mir.

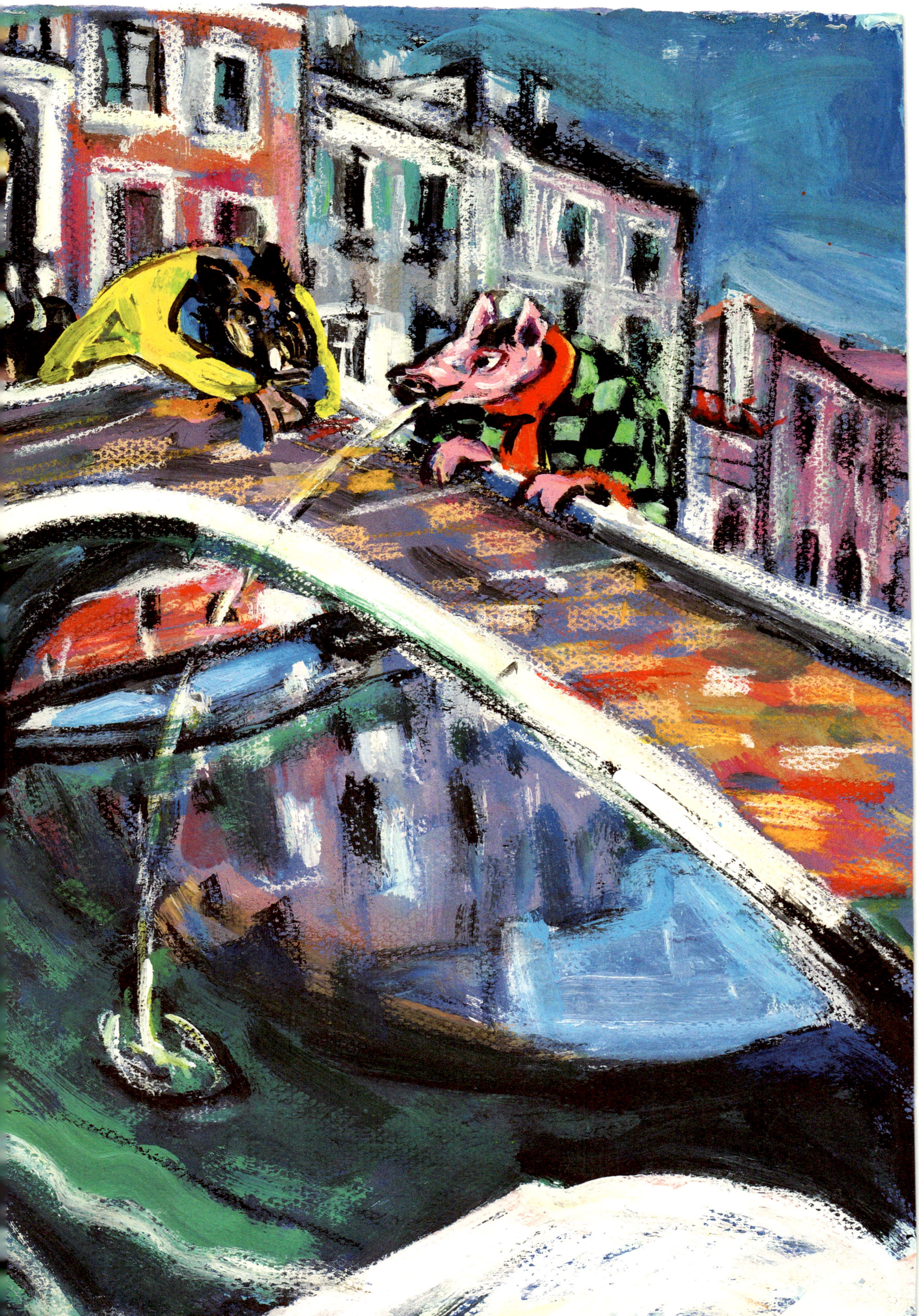

„Weisst du den Weg zurück?"
„Ganz sicher! Irgendwann werden wir das Hotel schon finden."
Der rote Teppich liegt ausgebreitet vor uns,
für dich, für mich.

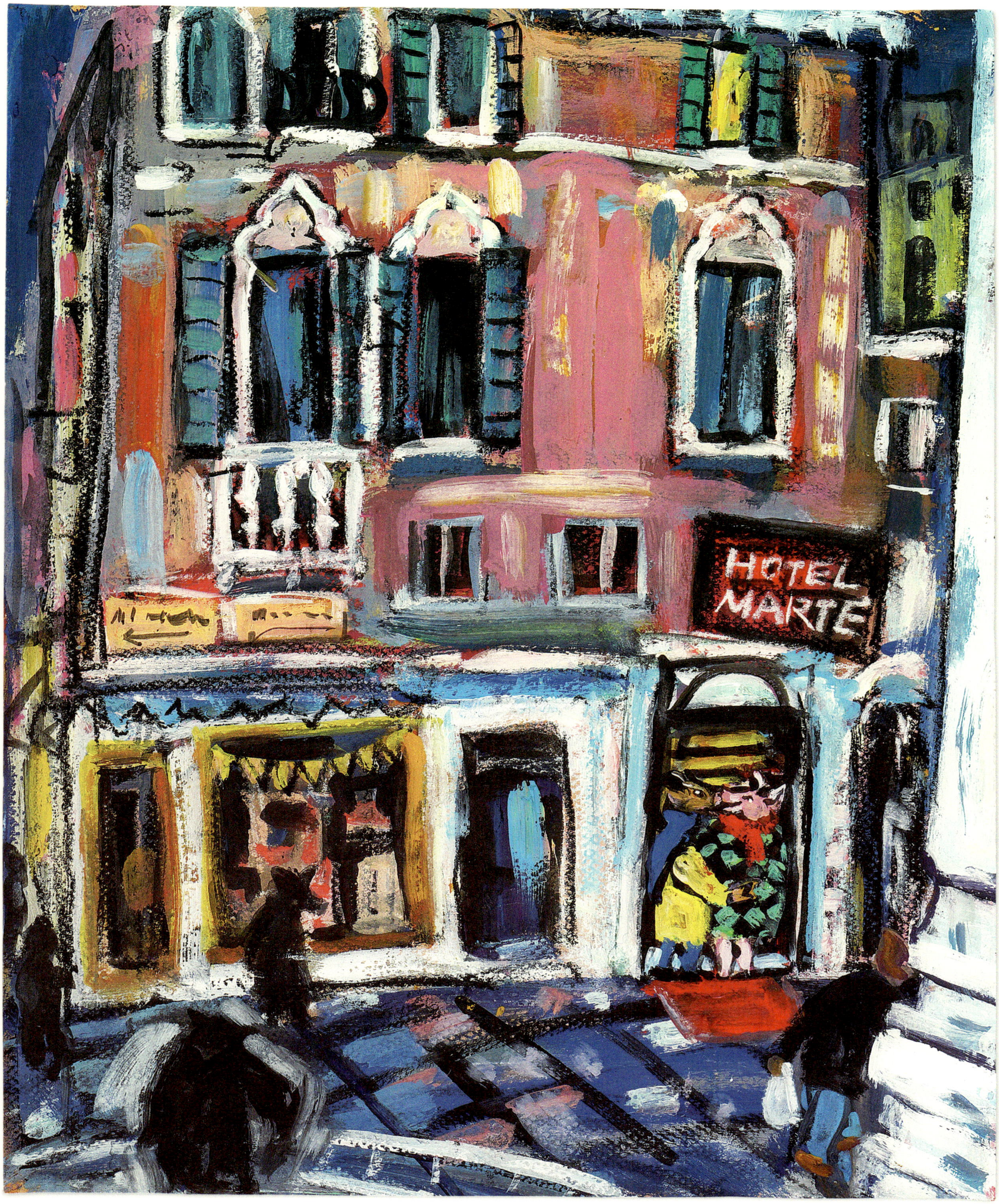
HOTEL
MARTE

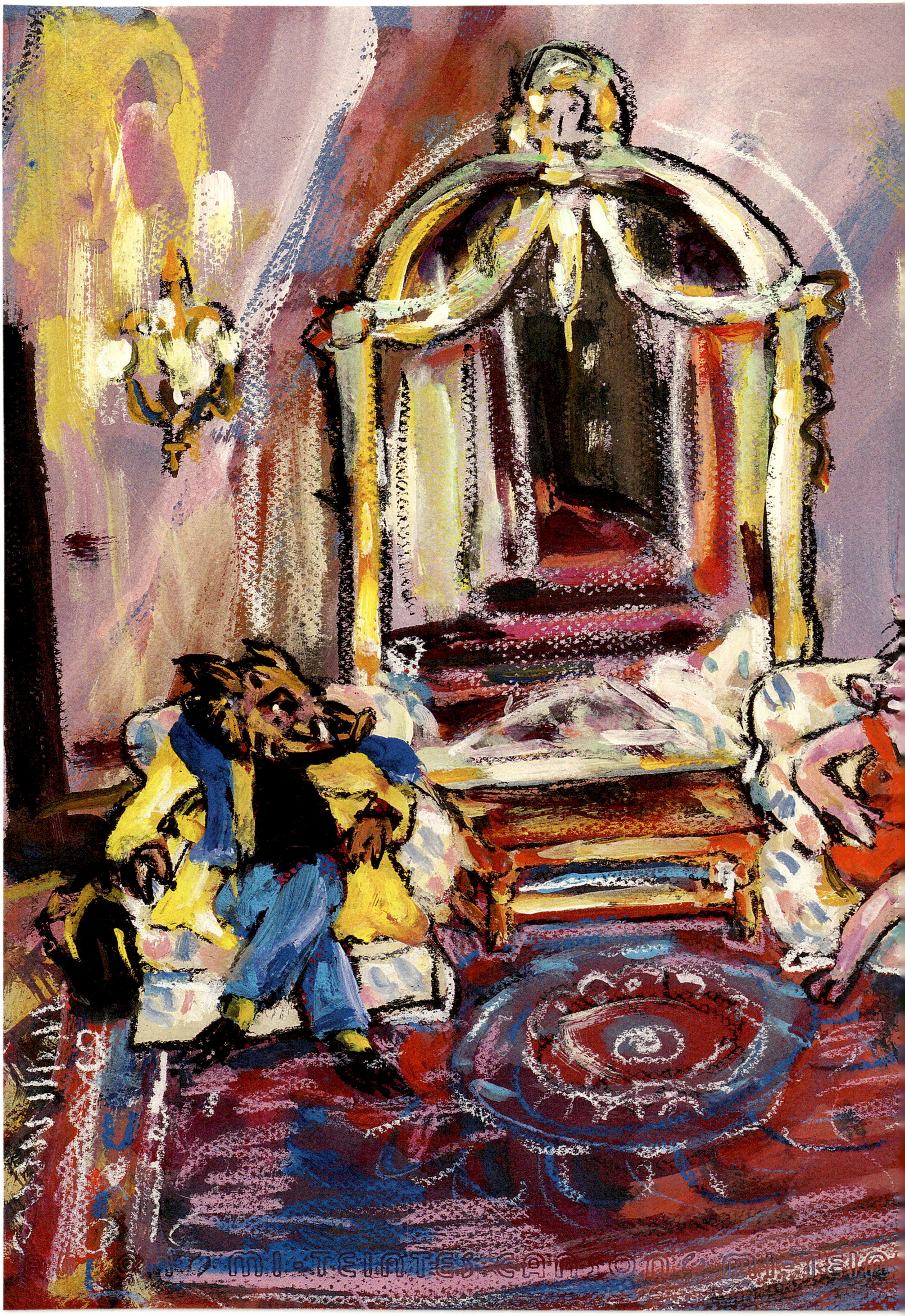
MI-TEINTES CANSON

Wir verweilen in zwei tiefen Sesseln,
bevor wir in das Zimmer treten,
das gross ist und ein bisschen schäbig.

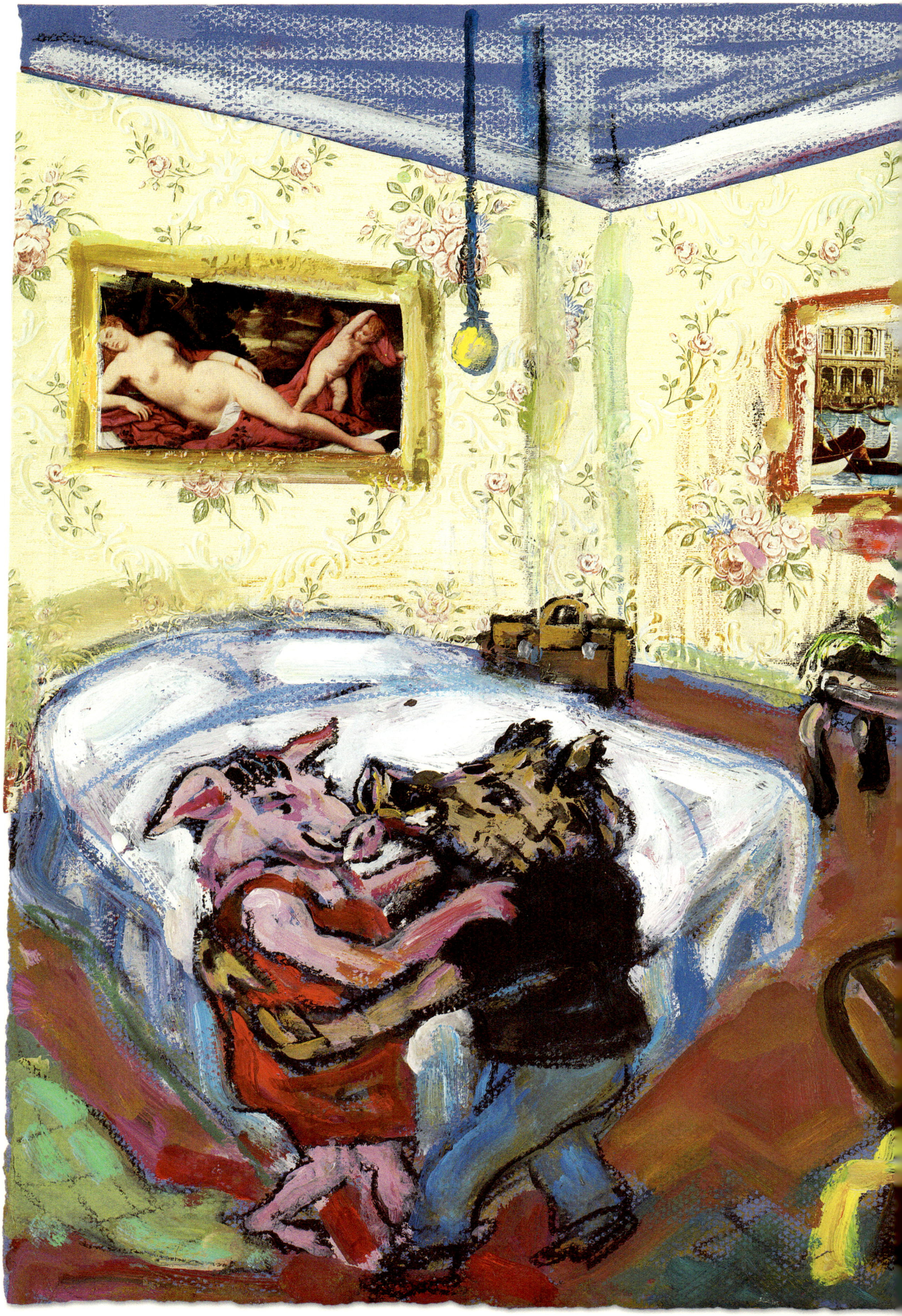

Von der Decke baumelt eine nackte Glühbirne.
Alles wirkt kahl und nüchtern, aber da ist an den Wänden diese vergilbte Blümchentapete, in der die tausend Geschichten einer Kammer hocken, und es muss darin ganz viel Schönes gewesen sein.
Wir bewegen uns dazwischen, fest umschlungen und loslassend.
Die Stühle seufzen. Sie verstecken sich unter den Mänteln, die Glühbirne erlischt.

Im Dunkeln hören wir Ozeane rauschen, das Blut in unseren Adern, du ziehst mir mein Kleid aus.

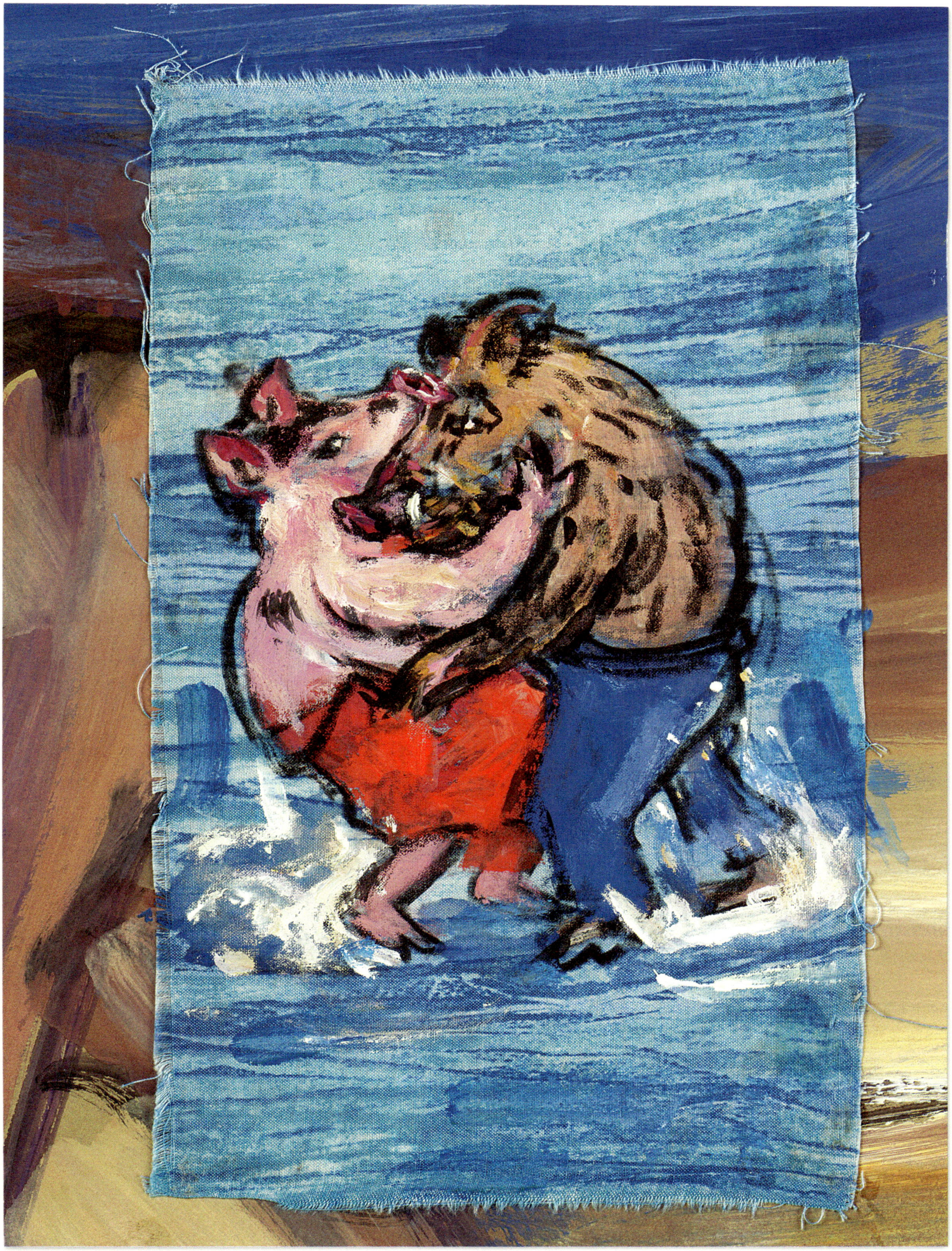

Himmel noch mal, warum zögere ich nur.
Ich möchte deinen Körper spüren.
Nie frierst du, wie machst du das?
Hab's vergessen, dein Pelz, welch wunderbares Wühlen darin
und Fühlen, ein Geruch von Walderdbeeren.

Ich sterbe vor Sehnsucht nach dir und Verlangen.
Du wirfst mich aufs Bett und ziehst die Decke hoch.

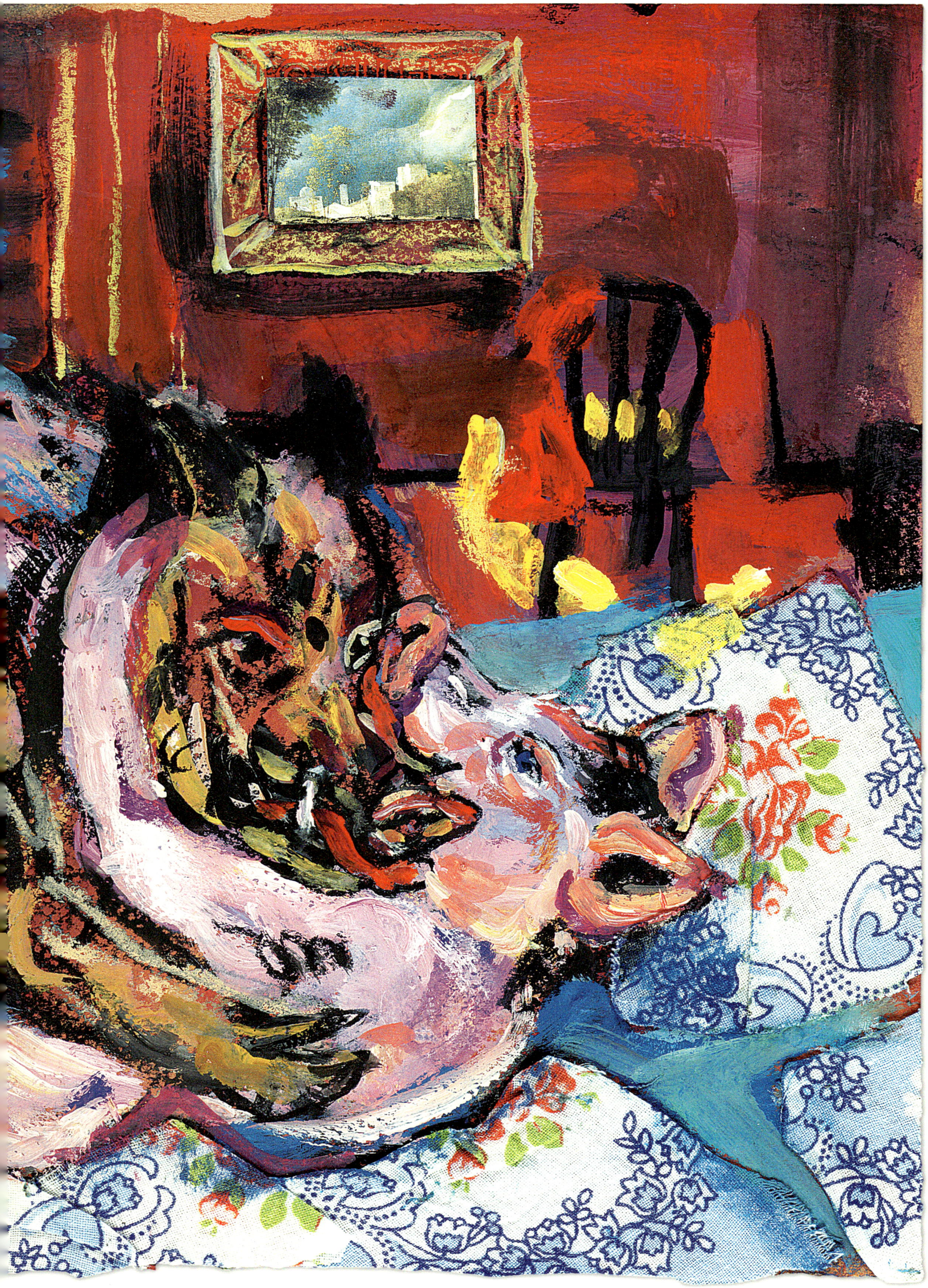

Und dann hält die Zeit den Atem an und wir atmen schneller.

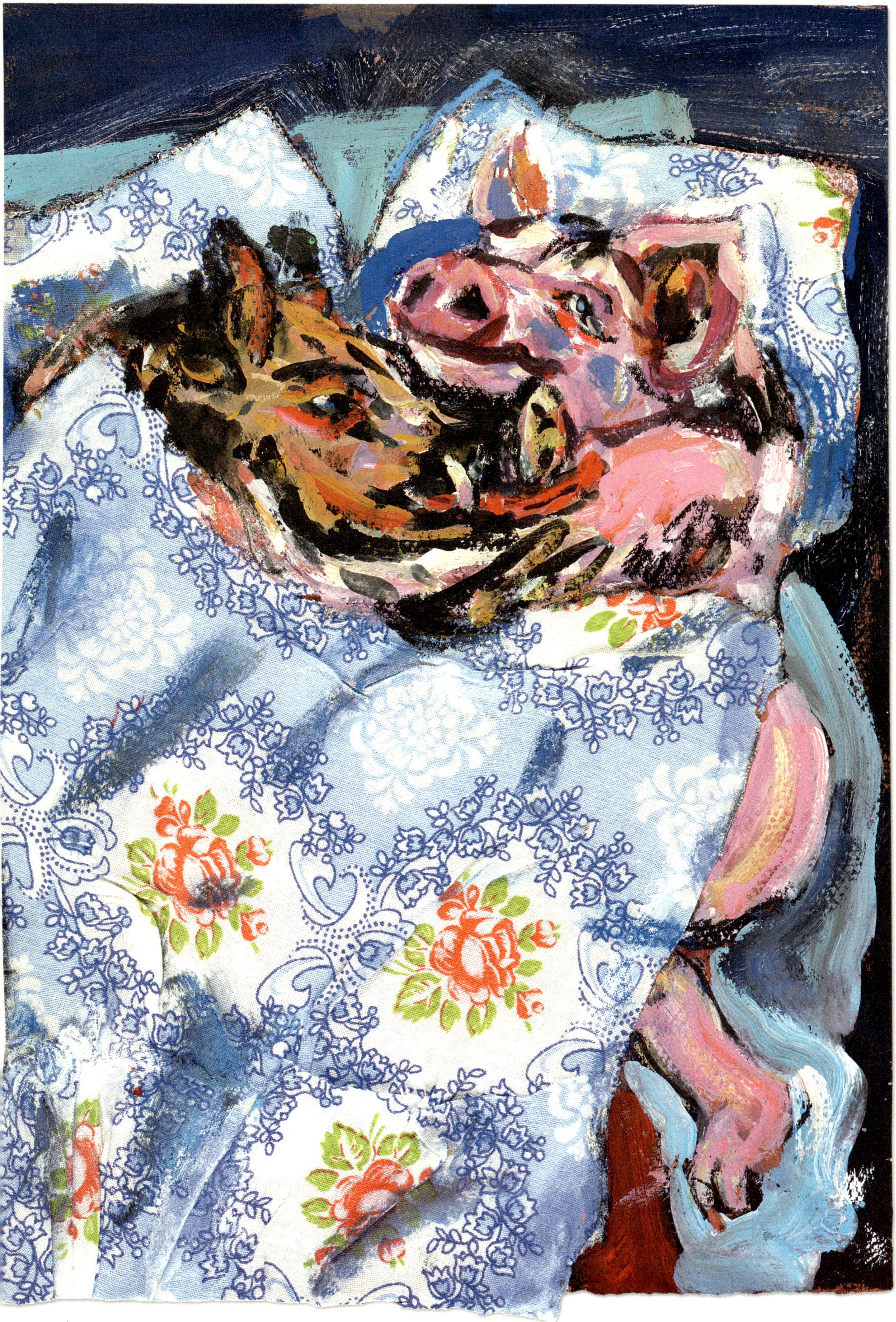

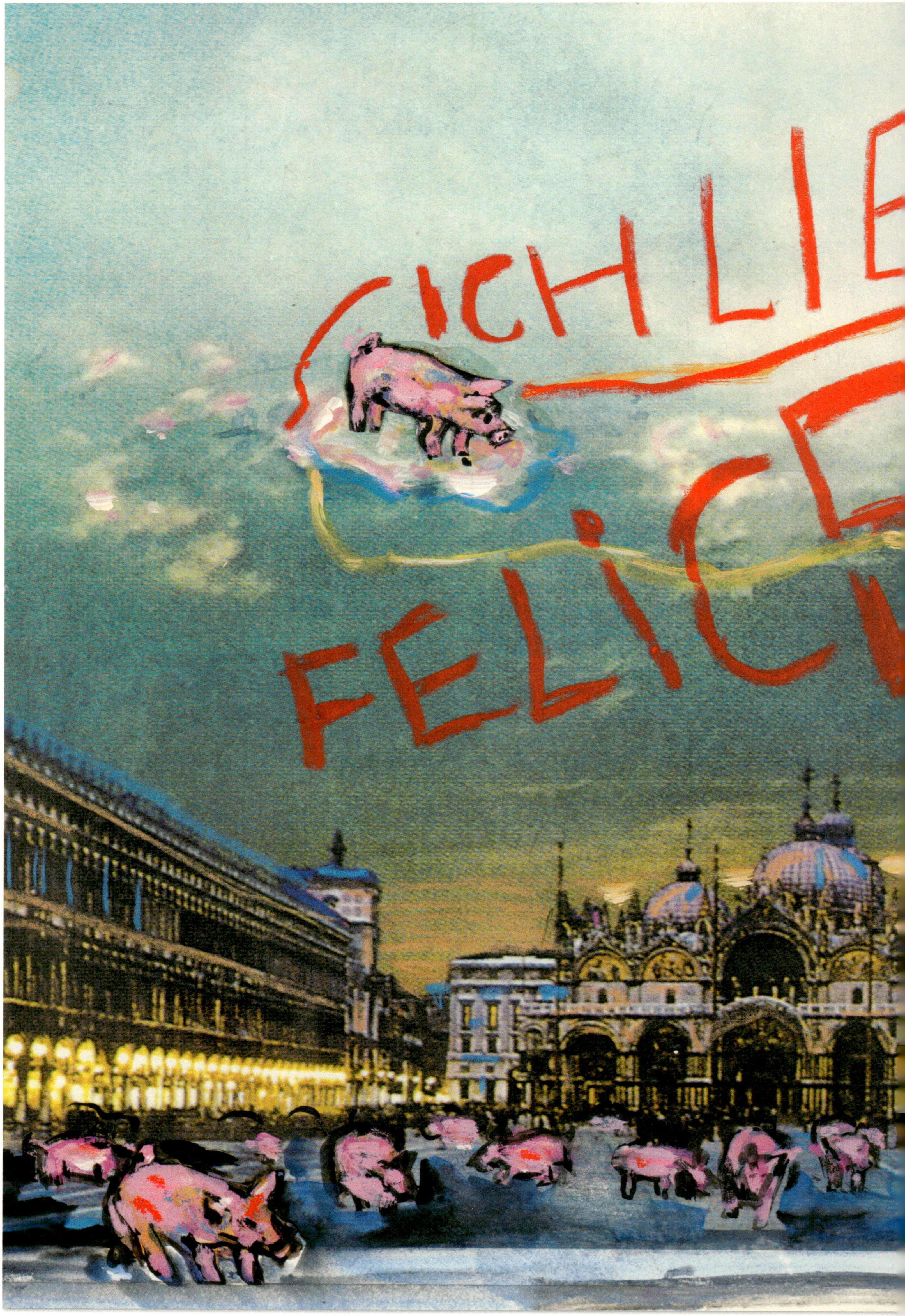
ICH LIE
FELIC

BE DICH

Herzlichen Dank an die Spenglerei Heinzle und die Stadt Hohenems.

© 2006 BUCHER VERLAG, Hohenems, A
www.quintessence.at

1. Auflage

Malerei und Text
Jeannette Frei, Grenzach-Wyhlen, D
und Hohenems, A

Gestaltung
Dalpra und Partner, Götzis, A
René Dalpra, Joachim Zettl, Hugo Ender

Lithografie
Günter König, Weiler, A

Lektorat
Christof Dünser, Götzis, A

Druck
BUCHER Druck, Verlag, Netzwerk,
Hohenems, A

Bucheinband
Scheyer Verpackungstechnik, Klaus, A

Buchbinderei
Konzett, Bludenz, A

Schrift
Fifteen36

Papier
Tatami 135 g/m^2

ISBN 3-902525-22-3

Printed in Austria
Alle Rechte vorbehalten